Ulrich Plenzdorf

Die neuen Leiden des jungen W.

Die Seiten- und Zeilenangaben beziehen sich auf folgende Ausgabe:

Ulrich Plenzdorf
Taschenbuch
Die neuen Leiden des jungen W.
Suhrkamp Verlag
160 Seiten
ISBN 978-3-518-36800-8
Bestell-Nr. tbneuenLeiden

Elinor Matt
Nina Keßler
Julia Biedermann

Lesebegleiter

Inhaltsverzeichnis

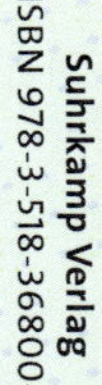

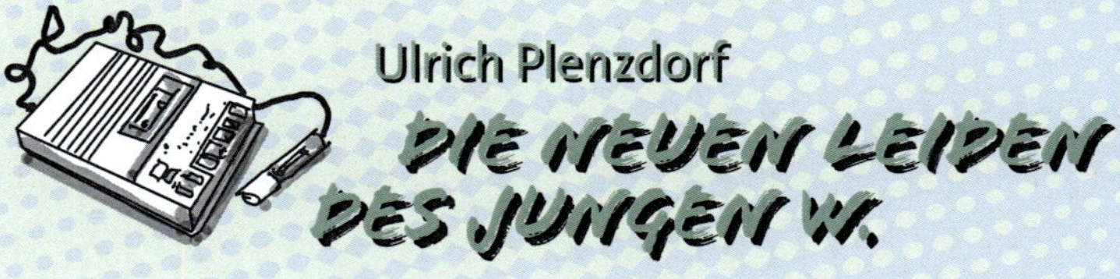

VORWORT

„Und kein Papier, Leute. Ich fummelte wie ein Irrer in dem ganzen Klo rum. Und dabei kriegte ich dann dieses berühmte Buch oder Heft in die Klauen." (S. 35, Z. 17–20)

Liebe Schülerin, lieber Schüler,

worum es sich bei dem berühmten Buch, dessen Einband als Klopapier eingesetzt wird, handelt, wirst du sicherlich schnell herausfinden. Du siehst schon an diesem Zitat, dass du dich keineswegs mit einer staubtrockenen Geschichte herumplagen musst.

Die neuen Leiden des jungen W. spielt in der Deutschen Demokratischen Republik – kurz: DDR. Diese Zeit hast du nicht miterlebt, doch die Themen des Romans sind zeitlos. Beim Lesen begleitest du den 17-jährigen Edgar Wibeau auf seiner Suche nach Freiheit, der Liebe und sich selbst. Dieser Lesebegleiter unterstützt dich dabei und hilft dir, deine Lektüre besser zu verstehen. Du beschäftigst dich zunächst mit dem Inhalt und den Figuren, bevor du den Roman genauer untersuchst, dich den geschichtlichen und literarischen Hintergründen widmest sowie den Autor Ulrich Plenzdorf näher kennenlernst. Dieser verwendet in seinem Werk einige Wörter und Anspielungen, die dir vielleicht nicht geläufig sind, deswegen befindet sich hinten im Heft ein Glossar mit Erklärungen.

In den Schreibaufgaben versetzt du dich in Edgar und andere Figuren hinein. Lege dir hierfür einen Schreibordner an, in dem du deine Lösungen ablegen kannst.

Wir wünschen dir eine unterhaltsame Zeit mit Edgar W.!

Symbolerklärung

 Leseauftrag
 Partnerarbeit
 Gruppenarbeit
 Schreibaufgabe
 Schreibordner
Recherche

DEN INHALT ERSCHLIESSEN UND SICHERN

Annäherung (S. 7–8)

➲ **Aufgabe**

a) Lies Seite 7 und 8.

b) Welche Aussagen treffen zu, welche nicht? Kreuze an.

	trifft zu	**trifft nicht zu**
1. Das Buch beginnt mit Traueranzeigen in der »Berliner Zeitung« und der »Volkswacht«.	☐	☐
2. Edgar Wibeau ist durch einen Autounfall ums Leben gekommen.	☐	☐
3. Edgar Wibeau hatte keine Verwandten.	☐	☐
4. Der Unfall ereignete sich am 30. Dezember.	☐	☐
5. Das Unglück ereignete sich in einer Wohnlaube.	☐	☐
6. Die Kolonie Paradies II befindet sich im Berliner Stadtbezirk Lichterfelde.	☐	☐

c) Schreibe die falschen Aussagen korrekt auf.

Teil 1: Gespräch mit ______________________ (S. 9–17)

➲ Aufgabe 1

a) Lies Seite 9–17.

b) Ergänze in der Überschrift, mit wem sich Edgars Vater in diesem Buchteil über seinen Sohn unterhält.

➲ Aufgabe 2

a) Edgar wird von seiner Mutter gegenüber dem Vater, als ... beschrieben.

- ☐ Muttersöhnchen
- ☐ Rowdy
- ☐ Rüpel

b) Vervollständige die folgenden Sätze über die Aussagen von Edgars Mutter.

Edgars Mutter glaubt, der Grund für seine Flucht nach Berlin ist, dass er ______________________

______________________ *(vgl. S. 15)*

Edgar warf seinem Ausbilder ______________________

______________________ *(vgl. S. 13)*

Edgar hat seinem Ausbilder ______________________

______________________ *(vgl. S. 11)*

Edgar hat für seinen Freund Willi ______________________

______________________ *(vgl. S. 17)*

Aus den Tonbändern ging hervor, ______________________

______________________ *(vgl. S. 10)*

Seine Mutter gibt sich an Edgars Weggang ______________________

______________________ *(vgl. S. 16)*

Aufgabe 3

a) „Stop mal, stop! – Das ist natürlich Humbug.“ (S. 10, Z. 13)

Wer mischt sich hier in das Gespräch ein und warum tut er das?

b) Erkläre in eigenen Worten, aus welchem Grund die Eisenplatte Edgars Ausbilder auf den Fuß gefallen ist.

c) Zitiere Edgars Begründung für seinen Weggang und den Ausbildungsabbruch.

»Edgar Wibeau

d) Recherchiere zu den Hugenotten. Siehst du Parallelen zu Edgars Leben?

Teil 2: Gespräch mit .... (S. 17–43)

Aufgabe 1

a) Lies Seite 17–43.

b) Ergänze in der Überschrift, mit wem sich Edgars Vater in diesem Buchteil über seinen Sohn unterhält.

c) Bearbeite die Aufgaben zu den ▶ **Erzählebenen** auf den Seiten 34–36 in diesem Heft.

Aufgabe 2

a) Erkläre in einem Satz, wer Willi ist.

....

....

b) Welches Bild hatte Edgar von seinem Vater? Zitiere.

....

....

....

.... *(S. 21, Z. 10–14)*

c) Stelle gegenüber, was Willi und was Edgar darüber sagen, weswegen Edgar von zu Hause weggegangen ist.

....

....

....

....

....

....

....

....

....

....

Aufgabe 3

a) Edgar hat den Einband des Reclamhefts als Toilettenpapier benutzt. Sicher errätst du trotzdem, um welches Werk es sich handelt. Trage die Informationen auf dem Cover ein.

TIPP

Wenn du noch im Dunkeln tappst, mach weiter mit b) und komm danach darauf zurück.

b) Lies die ▶ **Inhaltsangabe** auf Seite 49 in diesem Heft.

c) Edgars Vater und Willi verstehen nicht, was es mit den Tonbändern auf sich hat. Was sind die Texte auf den Tonbändern? An wen waren sie ursprünglich gerichtet?

d) Was könnte Edgar mit den Tonbändern ausdrücken wollen?
Versuche, die folgenden Textstellen stichwortartig zu interpretieren.

Textstelle	Interpretation
„kurz und gut / wilhelm / ich habe eine bekanntschaft gemacht / die mein herz näher angeht – einen engel – und doch bin ich nicht imstande / dir zu sagen / wie sie vollkommen ist […]“ (S. 17, Z. 21–25)	
„genug / wilhelm / der bräutigam ist da – glücklicherweise war ich nicht beim empfange – das hätte mir das herz zerrissen – ende“ (S. 18, Z. 6–8)	
„er will mir wohl / und ich vermute / das ist lottens werk / denn darin sind die weiber fein und haben recht […]“ (S. 18, Z. 10–12)	
„und daran seid ihr alle schuld / die ihr mich in das joch geschwatzt und mir so viel von aktivität vorgesungen habt – aktivität – ich habe meine entlassung verlangt – […]“ (S. 19, Z. 8–11)	

Aufgabe 4

a) Hast du ein Lieblingsbuch? Welches und warum magst du es am liebsten? Wenn du mehrere hast, suche dir eins aus.

Mein Lieblingsbuch: ……………………………………………

b) Edgar hat zwei Lieblingsbücher: *Der Fänger im Roggen* und *Robinson Crusoe*. Arbeitet zu zweit zusammen: Jeder von euch recherchiert zu einem der Romane und stellt ihn dem anderen vor.

	Der Fänger im Roggen	Robinson Crusoe
Autor		
Erscheinungsjahr		
Handlung		

	Der Fänger im Roggen	Robinson Crusoe
Wann spielt die Handlung?		

c) Sucht jeweils eine positive und eine negative Rezension zu Edgars Lieblingsbüchern.

d) Würdest du eines der beiden Bücher lesen wollen oder nicht? Welches und warum?

e) Was denkst du:
Warum sind das Edgars Lieblingsbücher?
Was sagt diese Auswahl über ihn aus?

SCHREIBAUFGABE 1

Verfasse aus der Sicht von Willi einen Tagebucheintrag über den Besuch von Edgars Vater. Erwähne auch, was Willi über Edgar denkt. Schreibe mindestens 250 Wörter.

Tagebucheintrag

In einem Tagebucheintrag werden Erinnerungen mit der Gegenwart verknüpft und momentane Gefühlslagen festgehalten. Außerdem kann man in ihm Fragen stellen und selbst beantworten oder auch unbeantwortet lassen. Gedanken werden in der Reihenfolge niedergeschrieben, in der sie der Figur in den Sinn kommen (Gedankenstrom). Dennoch muss ein „roter Faden" erkennbar sein, der sich aus der Aufgabenstellung und der Textstelle ergibt.

Form

- Ich-Form
- Datum
- mit oder ohne Anrede (Liebes Tagebuch ...), wenn dies zur Figur passt
- Verabschiedung und Name der schreibenden Figur unter den Eintrag (wenn dies zur Figur passt)

Sprache

- schildernde Elemente
- Fragen
- Ellipsen (unvollständige Sätze)
- Gedankensprünge
- Wiederholungen
- Einwortsätze
- Interjektionen
- verschiedene Satzzeichen (..., ?, !) nutzen

Inhalt

- persönliche Gefühle, Gedanken und Empfindungen
- Erlebnisse aufschreiben, verarbeiten, archivieren, hinterfragen
- an keine Person gerichtet

Beim Schreiben musst du die Aufgabenstellung, die Textstelle und Inhalt des Romans sowie den Charakter und die aktuelle Verfassung der Figur berücksichtigen. Achte auf die Nachvollziehbarkeit auch widersprüchlicher Gedanken und Gefühle.

Teil 3: Gespräch mit ______________________ (S. 43–86)

➲ Aufgabe 1

a) Lies Seite 43–86.

b) Ergänze in der Überschrift, mit wem sich Edgars Vater in diesem Buchteil über seinen Sohn unterhält.

➲ Aufgabe 2

a) Wie beschreibt Charlie ihr erstes Kennenlernen mit Edgar?
Fasse in eigenen Worten zusammen.

b) Welche Aussagen treffen zu, welche nicht? Kreuze an.

	trifft zu	**trifft nicht zu**
1. Charlie findet, Edgar kann überhaupt nicht malen.	☐	☐
2. Die Kindergartenkinder interessieren sich nicht für Edgars Kunst.	☐	☐
3. Edgar fertigt mit den Kindern ein Wandbild für den Kindergarten an.	☐	☐
4. Die Kinder mögen Edgar nicht.	☐	☐

c) Schreibe die falschen Aussagen korrekt auf.

d) Was denkst du, empfindet Charlie für Edgar? Sieht sie ihn als Mann oder als Jungen, den sie nicht ernstnimmt?

SCHREIBAUFGABE 2

Verfasse einen inneren Monolog aus Charlies Sicht nach Edgars Tod. Schreibe mindestens 250 Wörter über ihre Gefühle Edgar und ihrem Mann Dieter gegenüber.

Innerer Monolog

Ein innerer Monolog verlangt es, in eine literarische Figur „hineinzuschlüpfen" und die gegenwärtigen Gedanken und Gefühle dieser Figur, die sie selbst nicht ausspricht, aufzuschreiben. Es handelt sich also um eine Art stummes Selbstgespräch. Gedanken werden in der Reihenfolge niedergeschrieben, in der sie der Figur in den Sinn kommen (Gedankenstrom). Dennoch muss ein „roter Faden" erkennbar sein. Dieser ergibt sich aber aus der Aufgabenstellung und der Textstelle.

Form

- Ich-Form

Sprache

- Ellipsen (unvollständige Sätze)
- Gedankensprünge
- rhetorische Fragen
- Rückerinnerungen
- Einwortsätze
- Interjektionen
- verschiedene Satzzeichen (..., ?, !) nutzen

Inhalt

- persönliche Gefühle, Gedanken und Empfindungen
- Erlebnisse verarbeiten, hinterfragen
- an niemanden gerichtet, inneres Selbstgespräch

Beim Schreiben musst du die Aufgabenstellung, die Textstelle und Inhalt des Romans sowie den Charakter und die aktuelle Verfassung der Figur berücksichtigen. Achte auf die Nachvollziehbarkeit auch widersprüchlicher Gedanken und Gefühle.

➲ **Wahlaufgabe**

Der Autor verwendet in diesem Kapitel den Begriff „Neger" (S. 59, Z. 12). Der Roman ist von 1972. Heute würden die Aussagen des Ich-Erzählers als rassistische Stereotype eingestuft werden. Versuche, den Satz umzuformulieren. Worauf will Edgar eigentlich hinaus?

Teil 4: Gespräch mit ______________________ (S. 86–148)

Aufgabe 1

a) Lies Seite 86–148.

b) Ergänze in der Überschrift, mit wem sich Edgars Vater in diesem Buchteil über seinen Sohn unterhält.

Aufgabe 2

a) Wer sagt „»Edgar war ein wertvoller Mensch.«" (S. 87, Z. 6 f.)?

☐ Charlie ☐ Zaremba ☐ Addi

b) Welche körperlichen Beeinträchtigungen hat Zaremba? Nenne Stichpunkte.

....

....

....

c) Was meint Zaremba mit „»no«" (S. 94, Z. 5)? Beschreibe in eigenen Worten.

....

....

....

....

Aufgabe 3

In dem folgenden Text über Edgars Besuch bei seinem Vater ist einiges nicht korrekt wiedergegeben. Streiche die falschen Stellen durch und korrigiere sie darunter.

Edgars Vater wohnt in einem großen Haus in Brandenburg.

....

Da er sich nicht als sein Sohn zu erkennen geben will, gibt Edgar sich als Elektriker aus.

....

Der Vater lebt dort mit einer Frau, die Edgar unsympathisch ist, und ihm ein Bier anbietet.

....

An den Wänden hängt kein einziges Bild. Edgar ist von diesem Besuch ernüchtert und geht.

....

Zu Hause will er sich sofort an sein neues Gemälde machen. Diese Idee ist der erste Nagel zu seinem Sarg.

....

SCHREIBAUFGABE 3

„»Ich hab Edgar seit seinem fünften Lebensjahr nicht gesehen. Ich weiß nichts über ihn, auch jetzt nicht. Charlie, eine Laube, die nicht mehr steht, Bilder, die es nicht mehr gibt, und diese Maschine.«“ (S. 148, Z. 18–22)

Interpretiere diese letzte Aussage des Vaters und verfasse aus dessen Sicht einen Abschiedsbrief an seinen Sohn Edgar. Schreibe mindestens 250 Wörter und achte auf die äußere Form.

Persönlicher Brief

In einem persönlichen Brief möchte die Figur dem Adressaten nicht nur von Ereignissen berichten oder ihre Situation und Gefühlslage schildern. Sie stellt auch Fragen und spricht die andere Person direkt an.

Form

- Ich-Form
- Ort, Datum
- Anrede
- Grund des Schreibens
- Grußformel
- Unterschrift

Sprache

- adressatenbezogen
- passend zur schreibenden Figur
- Fragen, Bitten, Aufforderungen

Inhalt

- Schreibziel, an jemanden gerichtet
- beim Schreiben Sicht des Absenders einnehmen
- emotionaler Text (Gedanken, Ideen, Gefühle)
- Gedankenaustausch (Empfänger, gedachte Reaktionen des Lesers einbeziehen)
- handelt oft von gemeinsamen Erlebnissen, Problemen, Ängsten, Hoffnungen

Beim Schreiben musst du die Aufgabenstellung, die Textstelle und den Inhalt des Romans sowie den Charakter und die aktuelle Verfassung der Figur berücksichtigen. Denke an wichtige Ereignisse, auf die eingegangen werden muss! Du musst auch auf den Adressaten eingehen und das Verhältnis der schreibenden Figur zu ihm beachten.

Abschlussaufgaben

Aufgabe 1

Vervollständige den Lückentext.

Edgar ____________, der beste Lehrling seines VEBs in einer DDR-__________________, wirft die ___________ hin, nachdem er seinem Ausbildungsleiter eine schwere Eisenplatte auf den Zeh fallen gelassen hat, und _______________ seine Mutter, die von seinem Vater getrennt lebt. Gemeinsam mit seinem Freund Willi zieht er in eine _______________ Laubenkolonie. Beide wollen _________ werden, doch die Akademie nimmt sie nicht auf. Während der Freund in die Heimat zurückkehrt, lernt Edgar in Berlin die _____________________________ _____________ kennen, in die er sich verliebt. Aber Charlie ist gebunden und ___________ ihren vom Wehrdienst zurückgekehrten Verlobten. Eines Tages findet er Goethes „_____ ___________ ______ ____________ _______________“. Dieses Buch ___________ genau sein Lebensgefühl. Er spricht Zitate daraus auf _____________ und schickt sie seinem Freund Willi.

Um seinen _____________________________ zu sichern, arbeitet Edgar als _____________________. Er hat ____________________________, sich einzufügen und entschließt sich nach einem Hinauswurf, ___________ ein nebelloses Farbspritzgerät zu _______________, was den Kollegen bisher nicht ________________ ist. Bei dem ersten Test erleidet Edgar einen _________________ Stromschlag.

Nach Edgars unerwartetem Tod helfen die _________________________________ seinem __________, sein Leben in Berlin zu rekonstruieren. Der Vater spricht mit Edgars Freund _________, der ____________, mit Charlie und mit einem Arbeitskollegen von Edgar.

Wörterpool

verlässt | Tonbandaufnahmen | selbst | Maler | Mutter | erfinden | *Die Leiden des jungen Werthers* | Vater | trifft | Wibeau | Charlie | heiratet | Anstreicher | Willi | tödlichen | Berliner | Kleinstadt | Lebensunterhalt | gelungen | Arbeit | Tonband | Kindergärtnerin | Schwierigkeiten

Aufgabe 2

Arbeitet in kleinen Gruppen zusammen.
Lasst Edgar in einem kurzen Video seine Geschichte erzählen.
Hierfür müsst ihr zunächst aufschreiben,

- was er sagen soll,
- welche Mimik und Gestik er einsetzt
- sowie den zeitlichen Rahmen abstecken.

Erstellt ein Storyboard, auf dem ihr eure Planung festhaltet.
Ihr müsst natürlich stark kürzen, also achtet auf das Wesentliche! Einer/eine von euch schlüpft in Edgars Rolle. Ihr könnt auch mit Requisiten arbeiten. Überlegt euch einen passenden Hintergrund für euer Video.

Videoclip

Ihr könnt euer Smartphone oder Tablet verwenden, um einen Videoclip zu erstellen. Achtet auf die Lichtverhältnisse und die Tonqualität. Vielleicht habt ihr zusätzlich sogar ein Stativ zu Hause, um unerwünschtes Verwackeln des Bildes zu vermeiden und auch die Möglichkeiten von unterschiedlichen Perspektiven nutzen zu können.
Zum Bearbeiten habt ihr die Möglichkeit, eine kostenlose App oder den Windows Media Maker zu nutzen.

Aufgabe 3

a) Zwei Tatsachen bezeichnet Edgar als seine Sargnägel. Notiere sie in eigenen Worten.

b) Erkläre in eigenen Worten, was mit dem Ausdruck „Nagel zu meinem Sarg“ gemeint ist.

Aufgabe 4

Verfasse eine Traueranzeige über Edgar Wibeau aus der Sicht Willis.

Die Handlung im Überblick

➲ Aufgabe

Beschrifte die Textfelder mit den wichtigsten Inhalten der Gespräche und den Ereignissen aus Edgars Perspektive. Wenn du mehr Platz brauchst, schreibe auf separate Blätter und klebe diese an den Seitenrand.

Inhalt der Gespräche

Mutter ist enttäuscht vom Sohn und bezeichnet ihn als Rowdy, da er die Lehre hinschmeißt und von zu Hause wegrennt.

Vater spricht mit Mutter (S.___ – ___)

Vater spricht mit Willi (S.___ – ___)

Ereignisse aus Edgars Perspektive

Den Inhalt erschließen und sichern

Inhalt der Gespräche

Vater spricht mit Charlie (S.___ – ___)

Vater spricht mit Addi (S.___ – ___)

Ereignisse aus Edgars Perspektive

FIGUREN UND IHRE BEZIEHUNGEN

Edgar Wibeau

➲ Aufgabe 1

a) Kreuze an, welche Aussagen auf Edgar Wibeau zutreffen und welche nicht.

	trifft zu	trifft nicht zu
begeisterungsfähig	☐	☐
stolz	☐	☐
unfreundlich	☐	☐
sensibel	☐	☐
dumm	☐	☐
kreativ	☐	☐
risikobereit	☐	☐
ungeduldig	☐	☐
faul	☐	☐
aggressiv	☐	☐
ungebildet	☐	☐
eigenwillig	☐	☐
selbstkritisch	☐	☐
unsauber	☐	☐
verständnisvoll	☐	☐
ordentlich	☐	☐
rachsüchtig	☐	☐
anpassungsfähig	☐	☐
kritisch	☐	☐

Figuren und ihre Beziehungen

b) Suche aus den folgenden Seiten Beurteilungen über Edgar heraus. Markiere dir die Textstellen und notiere sie stichwortartig auf die entsprechenden Linien.

Hinweis

Mutter → Seiten: 9, 10, 15, 16
Willi → Seiten: 20, 21, 25, 26, 28
Charlie → Seiten: 44, 45, 56, 72
Addi → Seiten: 87, 148

Edgars Mutter:

Edgars Kumpel Willi:

Charlie:

Brigadeleiter Addi:

c) Beurteile, ob diese Charakterisierungen ein eher positives oder ein negatives Bild von Edgar zeichnen und schreibe deine Ergebnisse (+/-) in die entsprechenden Felder.

➲ Aufgabe 2

Man kann darüber diskutieren, ob Edgars Weggang aus Mittenberg eine Flucht gewesen ist. Versuche, mithilfe der PMI-Methode zu einer Entscheidung zu kommen. Hilfreiche Informationen findest du auf den Seiten 9, 15, 17, 29, 55, 58, 103.

PMI-Methode

Das Thema oder die Problemstellung wird aus den drei Perspektiven **Plus**, **Minus** und **Interessant** betrachtet.

Thema/Problemstellung/Vorschlag:
War Edgars Weggang aus Mittenberg eine Flucht?

Pluspunkte (Vorteile, positive Aspekte, Pro-Argumente)	**Minuspunkte** (Nachteile, negative Aspekte, Contra-Argumente)

Interessante Fragen:

Entscheidung (mit Begründung):

Edgars Umfeld

Aufgabe 1

Ordne die folgenden Angaben den Personen zu. Manche Angaben können verschiedenen Personen zugeschrieben werden.

Wörterpool

taucht aus dem Nichts auf – verlobt – Empfänger der Tonbänder – Art Leitfigur/Vertrauensperson für Edgar – sich abschirmend – Betriebsleiterin des VEB (K) Hydraulik Mittenberg – geht im Betrieb auf – Vorarbeiter in der Brigade – tätowiert – 20 Jahre alt – kaum andere Interessen als die Arbeit – alleinerziehend – Germanistikstudent – Sinn für Blödeleien – Vorgesetzter Edgars – kein wirkliches Interesse an Edgar – Vermittler zwischen Mittenberg und Berlin – bringt Ruhe in die Brigade – gegen Edgars Malinteressen – vollständig ins System eingebundener Arbeiter – erscheint zuverlässig – mehrjähriger Dienst bei der NVA – Kontakt durch Postkarten – circa 40–45 Jahre alt – Erzieherin – sorgt für Gemeinschaft – zunächst gegen Edgar – zwingt Edgar zur Anpassung – Karriere wichtiger als Edgar – Familie verlassen vor zwölf Jahren – korrekt – immer wieder hilfsbereit und gutmütig – bester Kumpel Edgars – Kritik an Edgars Lebensweise – wohnt in einem Appartement – trägt Jeans – vital, Leben sprühend – hat Schwierigkeiten mit starrem Denken – angepasst und strebsam – unternimmt nichts, um Edgar zu finden – hat Geliebte, die Charlie ähnlich sieht – hat trotz seines Alters noch Beziehungen zu Frauen – lässt sich zum Teil auf Edgar ein – findet Werthertexte „geschwollen“ – ein „Steher“ – ordentlich – Gefühle für Edgar unklar

Edgars Mutter

Edgars Vater

Figuren und ihre Beziehungen

Charlie

Kumpel Willi

Brigadeleiter Addi

Zaremba

Dieter

➲ Aufgabe 2

Das Dreiecksverhältnis zwischen Edgar, Charlie und Dieter hat eine wesentliche Bedeutung für das Geschehen. Dieses Verhältnis verändert sich. Positioniere die Figuren so, wie du es zu diesem Zeitpunkt passend findest (näher zusammen, weiter weg), und drücke mithilfe von Pfeilen und Symbolen ihre Gefühle zueinander aus. Das Beispiel zeigt dir, wie das aussehen könnte.

TIPP

Verwende unterschiedliche Linienarten, Pfeile und Symbole, zum Beispiel Herz für Liebe, Blitz für Streit oder Abneigung.

1

„Ich himmelte Charlie die ganze Zeit an." (S. 50, Z. 23 f.)

„Plötzlich sah ich da einen Menschen aus der Laube kommen, einen Kerl, ungekämmt und völlig vergammelt." (S. 46, Z. 12–14)

2

„Ich konnte machen, was ich wollte, ich kriegte Charlie nicht wieder auf meine Kolchose und in meine Laube schon gar nicht. Sie wußte, warum, und ich auch." (S. 64, Z. 17–20)

„Und drin war eine Karte von Charlie: Lebst du noch? Besuch uns doch mal. Wir haben längst geheiratet." (S. 116, Z. 22–24)

„Wahrscheinlich ging in dem Moment ihr größter Traum in Erfüllung, daß ich und Dieter gute Freunde wurden." (S. 119, Z. 18–20)

„Ich hatte ungeheuren Schiß davor, daß er Charlie vor meinen Augen irgendwie anfaßte und sie vielleicht küßte oder was." (S. 124, Z. 11–13)

„Ich ließ sie dann einfach nicht mehr los. Sie riß die Augen auf, aber ich ließ sie nicht mehr los. Es wäre auch nicht anders gegangen." (S. 134, Z. 11–14)

➲ Aufgabe 3

Du hast einiges über Charlie aus ihrem Mund oder von Edgar erfahren. Verfasse eine Rollenbiografie von Charlie, in der sie über sich erzählt.

Rollenbiografie

Eine Rollenbiografie ist die Selbstdarstellung einer literarischen Figur in Ich-Form. Das Anfertigen einer Rollenbiografie ist eine Methode, die es ermöglicht, sich intensiv mit einer Figur und ihrem Charakter auseinanderzusetzen und ihr Inneres zu ergründen. Grundlagen für die Erarbeitung einer Rollenbiografie sind das Hineinversetzen und Einfühlen in die Figur.
Für eine Rollenbiografie werden möglichst viele Informationen über die Figur benötigt. Diese Fakten liefert der literarische Text. Als Hilfsmittel zur Annäherung an die Figur können sogenannte ‚Einfühlungsfragen' dienen, um die Figur näher zu beleuchten, zum Beispiel: *Wer bin ich? Wo lebe ich? Welche Beziehungen habe ich zu anderen? Was mache ich im Alltag? Warum mache ich es? Was interessiert mich besonders? Welche Ängste habe ich? Wie gehe ich damit um? Wie stelle ich mir meine Zukunft vor?* usw.
Ebenfalls hilfreich kann es sein, zwei prägende Erlebnisse – ein glückliches und ein tragisches – aus dem Leben der Figur in die Rollenbiografie einfließen zu lassen.

Merkmale einer Rollenbiografie

formal

- Ich-Form

inhaltlich

- **Allgemeines**
  (z. B. Name, Alter, Geburtsort, Nationalität, derzeitiger Wohnort)
- **Äußeres**
  (z. B. Größe, Aussehen; Kleidung, Figur)
- **Soziales**
  (z. B. vergangene und gegenwärtige Lebenssituation, Verhalten zu anderen Personen wie Familie, Freunde, Integration in eine Gemeinschaft)
- **Inneres/Psychisches**
  (z. B. Gedanken, Gefühle, Einstellungen, Religiosität, Moralvorstellungen und Werte)
- **Zukunftspläne**
  (z. B. Träume, Erwartungen, Hoffnungen)
- **Besonderheiten/Eigenarten**
  (z. B. Sprache, Sprechweise)

sprachlich

- Schreibstil: Sprache der Figur nachahmen (z. B. typische Formulierungen oder Sätze der Figur einfließen lassen)
- Vorherrschende Zeitform (Tempus): Präsens, bei Vorzeitigkeit Perfekt

---

Aus: Thorsten Utter, Michelle Wietor: *Downloadbereich des Schülerarbeitsheftes. Der Drohnenpilot.* Krapp & Gutknecht Verlag, Berkheim/Illerbachen 2021.

Die Wibeaus

➲ **Aufgabe**

Edgar hat keine einfache Beziehung zu seinen Eltern. Notiere in Stichpunkten die Verhältnisse der Eltern zu ihrem Sohn und zueinander.

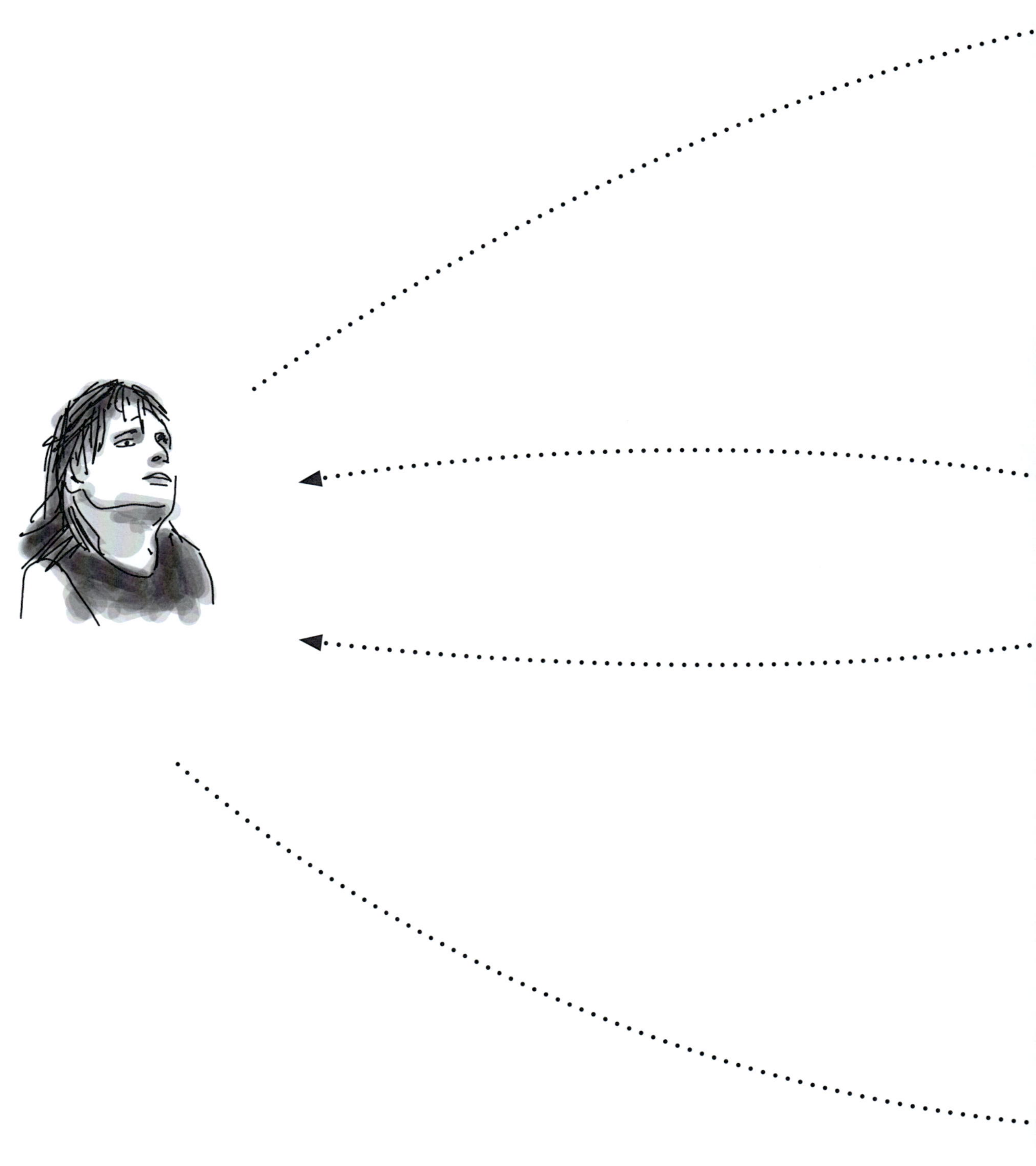

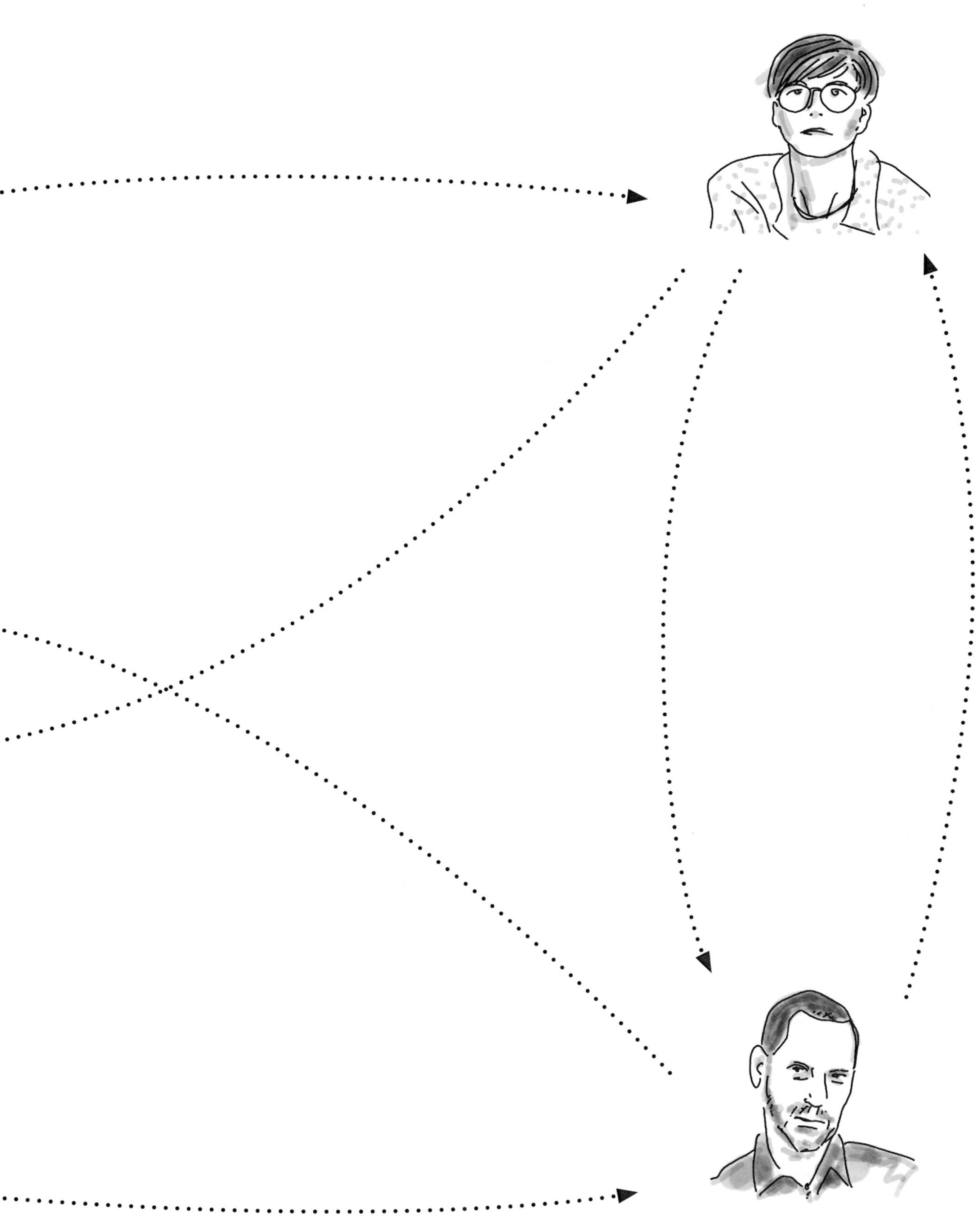

DEN ROMAN UNTERSUCHEN

Die Erzählebenen

➲ Aufgabe 1

Der Autor bedient sich der Montagetechnik, die du in dieser Aufgabe näher untersuchen sollst.

a) Vergleiche die Anordnungen der Textauszüge (S. 17, Z. 5–26) und beschreibe den Unterschied.

Montagetechnik

Das Zusammenfügen unterschiedlicher Textteile, die verschiedene Sprachebenen- und stile transportieren.

Textanordnung I

»Mein Name ist Wibeau.« »Angenehm. – Lindner, Willi.« Salute, Willi! Du warst zeitlebens mein bester Kumpel, tu mir jetzt einen Gefallen. Fang nicht auch an, in deiner Seele oder wo nach Schuld zu wühlen und so. Reiß dich zusammen. »Es soll Tonbänder von Edgar geben, die er besprochen hat? Sind sie greifbar? Ich meine, kann ich sie hören? Gelegentlich? »Ja. Das geht.« Die Tonbänder: kurz und gut / wilhelm / ich habe eine bekanntschaft gemacht / die mein herz näher angeht – einen engel – und doch bin ich nicht imstande / dir zu sagen / wie sie vollkommen ist / warum sie vollkommen ist / genug / sie hat allen meinen sinn gefangengenommen – ende

Textanordnung II

»Mein Name ist Wibeau.«
»Angenehm. – Lindner, Willi.«

Salute, Willi! Du warst zeitlebens mein bester Kumpel, tu mir jetzt einen Gefallen. Fang nicht auch an, in deiner Seele oder wo nach Schuld zu wühlen und so. Reiß dich zusammen.

»Es soll Tonbänder von Edgar geben, die er besprochen hat? Sind sie greifbar? Ich meine, kann ich sie hören?
Gelegentlich?«
»Ja. Das geht.«

Die Tonbänder:
kurz und gut / wilhelm / ich habe eine bekanntschaft gemacht / die mein herz näher angeht – einen engel – und doch bin ich nicht imstande / dir zu sagen / wie sie vollkommen ist / warum sie vollkommen ist / genug / sie hat allen meinen sinn gefangengenommen – ende

....

....

....

b) Erläutere, warum Plenzdorf wohl Textanordnung II gewählt hat.

➲ Aufgabe 2

a) Welche Erzählebenen kannst du unterscheiden? Nenne sie.

b) Füge die Erzählebene hinzu, die auf den Seiten 7–8 zu finden ist.

c) Notiere in den grauen Feldern, was die jeweilige Erzählebene ausmacht und wann sie vorkommt. Schreibe ein Zitat als Beispiel rechts daneben.

Tatsachen-/ Dokumentarebene

Dialogebene

Erzählerebene

Zitatebene

Sprache und Stil

➲ Aufgabe 1

a) Welche Sprachvarietäten verwendet Ulrich Plenzdorf in seinem Roman?

- ☐ Jugendsprache der 70er Jahre
- ☐ Fäkalsprache
- ☐ Umgangssprache
- ☐ Fachsprache

b) Nenne je ein Beispiel aus dem Text.

....

....

....

....

....

➲ Aufgabe 2

a) Edgar hat Redewendungen, die er auffällig oft verwendet. Trage zwei davon in die Lücken ein. Was meint er damit? Was würde man heute sagen?

1. „Sie war, glaubte ich, das einzige in dem Zimmer, was ....
Alles andere ...., vor allem die kahlen Wände.“ (S. 108, Z. 8–10)
Bedeutung: ....

2. „Kinder können malen, daß man ....“ (S. 108, Z. 17 f.)
Bedeutung: ....

b) Welche Stilmittel finden sich in den Redewendungen aus a)?

- ☐ Hyperbel
- ☐ Klimax
- ☐ Personifikation
- ☐ Euphemismus

c) Die Litotes ist eine beliebte Stilfigur Edgars. Nenne weitere Beispiele dafür.

„Ich war fast gar nicht sauer!“ (S. 36, Z. 8)

Litotes

Was drückt Edgar mithilfe dieses Stilmittels aus?

Aufgabe 3

a) Welche sprachlichen Besonderheiten weisen die Texte der Tonbänder auf? (S. 17–19)

b) Nimm einen (oder mehrere) der Tonbandtexte selbst mit deinem Smartphone auf und versuche beim Vortragen, die Emotionen zum Ausdruck zu bringen.

Sprachliche Mittel

Ein literarischer Text wird durch sprachliche Mittel (Stilmittel) lebendiger und ausdrucksstärker. In dieser Tabelle kannst du einige wichtige sprachliche Mittel samt ihrer Definition und ihrer Wirkung nachlesen.

Sprachliches Mittel	Definition	Wirkung
Alliteration (die)	Wiederholung des gleichen konsonantischen Anlauts in benachbarten Wörtern	Auflockerung und Rhythmisierung eines Satzes, schöner Klang, Aufmerksamkeitslenkung des Lesers
Anapher (die)	Zwei aufeinanderfolgende Sätze beginnen mit demselben Wort oder derselben Wortgruppe.	Verstärkung der Aussage durch Wiederholung, Nachdruck
Ellipse (die)	unvollständiger Satz durch die Auslassung von notwendigen Satzteilen	Raffung, bewirkt eine Art Mündlichkeit (Nähe zur gesprochenen Sprache)
Hyperbel (die)	starke (maßlose), unglaubwürdige Übertreibung	Verstärkung und Steigerung der Aussagekraft
Ironie (die)	Gegensatz von Gesagtem und Gemeintem, versteckter Spott	jemanden oder etwas lächerlich machen bzw. herabwürdigen, Bloßstellung
Klimax (die)	Reihung von Wörter oder Sätzen mit steigender Intensität, meist dreistufige Steigerung	Verstärkung einer Aussage durch Steigerung, Nachdruck, Spannungssteigerung
Litotes (die)	doppelte Verneinung oder Verneinung des Gegenteils	Behauptung vorsichtig ausdrücken, Aussage abschwächen oder indirekt hervorheben
Metapher (die)	Ausdruck/Wort mit übertragener Bedeutung, also nicht im eigentlichen Wortsinn gebraucht (auch „verkürzter Vergleich“, d. h. Vergleich ohne Vergleichswort)	bildhafte Veranschaulichung, Ähnlichkeiten/Analogien zwischen zwei Bedeutungsbereichen werden aufgestellt
Parallelismus (der)	Wiederholung desselben Satzbaus oder der gleichen Wortreihenfolge	Verstärkung und Steigerung der Aussagekraft
Paronomasie (die)	Wortspiel durch Zusammenstellung lautlich gleicher oder ähnlicher Wörter; Verdrehung/Veränderung eines Wortes oder einer bekannten Redewendung	Belustigung, komische Wirkung
Personifikation (die)	Vermenschlichung; Tieren, Pflanzen, Gegenständen oder abstrakten Dingen werden menschliche Eigenschaften verliehen	bildhafte Veranschaulichung, Belebung
Vergleich (der)	Verbindung zweier Vorstellungsbereiche zur Hervorhebung des Gemeinsamen unter Verwendung der Vergleichswörter wie oder als	bildhafte Veranschaulichung, Belebung, Ähnlichkeiten/Analogien zwischen zwei Bedeutungsbereichen werden aufgestellt

HINTERGRÜNDE

Der Autor Ulrich Plenzdorf

➲ **Aufgabe**

Die folgenden Textausschnitte, die Informationen über Leben und Tod von Ulrich Plenzdorf enthalten, sind durcheinandergeraten. Bringe sie in die richtige Reihenfolge, indem du sie nummerierst.

Bis zur Veröffentlichung seines Textes *Die neuen Leiden des jungen W.* 1972 (in einer Zeitschrift) entstehen einige andere Werke, die teilweise ein Veröffentlichungsverbot bekommen, da sie nicht – im Sinne der Partei – völlig linientreu sind. Die Veröffentlichung ist ein sensationeller Publikumserfolg, besonders bei den jungen Lesern, und entfacht eine breite Diskussion. Noch im gleichen Jahr wird die Bühnenfassung uraufgeführt, die ebenfalls überaus erfolgreich ist. Die Buchausgaben folgen 1973 in der DDR und der BRD. 1976 entsteht die Verfilmung in Westdeutschland.

Er schreibt nach 1999 politische Kabarett-Texte, die den Anschluss der DDR an die BRD kritisieren. In Interviews, die er in dieser Zeit gibt, betont Plenzdorf, dass die deutsche Einheit kein Zusammenwachsen der Gesellschaft bewirkt habe. Er verwahrt sich aber gegen jede Form von „Ostalgie", d. h. eine Idealisierung des früheren Lebens in der DDR.

1 Ulrich Plenzdorf wird am 26. 10. 1934 als Sohn einer Arbeiterfamilie in Berlin-Kreuzberg geboren. Seine Eltern, Martha und Ewald Plenzdorf, waren aktive KP-Mitglieder und im antifaschistischen Widerstand tätig. Sie wurden wiederholt von den Nationalsozialisten verfolgt und verhaftet. Die Mutter war ein Jahr im KZ Mohringen inhaftiert. 1950 zieht die Familie nach Ost-Berlin um.

Plenzdorf ist vor allem Autor von Filmvorlagen und Romanen. Bekannt geworden sind: *Die Legende von Paul und Paula* (1973/74), *Legende vom Glück ohne Ende* (1979) und *Glück im Hinterhaus*. Plenzdorf steht der Partei distanziert gegenüber und tritt 1976 – nach der Ausweisung Wolf Biermanns – aus. Er sieht sich zeit seines Lebens als einen, der sich einmischt, bleibt aber seinem Gefühl als „Ostbürger" und dem Kommunismus treu. 1978 erhält er den sehr geschätzten Ingeborg-Bachmann-Preis. 1984 unternimmt er eine Lesereise in die BRD.

Nach dem Mauerfall (1989) wird Plenzdorf Mitglied der Akademie der Künste. Als Nachfolger von Jurek Becker schreibt er die Filmdrehbücher zur bekannten Serie *Liebling Kreuzberg* mit Manfred Krug (1992/93). Er ist Mitunterzeichner der Erfurter Erklärung (1997), in der ein Linksbündnis von SPD und Bündnis 90/Die Grünen ohne Ausgrenzung der PDS zur Ablösung der Kohl-Regierung gefordert wird. Die Mitautorenschaft zu dem Drehbuch zum Fernsehfilm *Der Laden* (Erwin Strittmatter) im Jahre 1999 ist sein letzter großer Erfolg.

Ab 1955 verdient sich Ulrich Plenzdorf bei der DEFA (Deutsche Film-AG der DDR) als Bühnenarbeiter seinen Lebensunterhalt. 1958 tritt er in die SED ein. Nach der Zeit als freiwilliger Soldat bei der Nationalen Volksarmee beginnt er 1959 die Ausbildung zum Szenaristen und Filmdramaturgen an der DDR-Filmhochschule Babelsberg. Nach seinem Abschluss arbeitet er als Szenarist und Dramaturg bei der DEFA.

Nach der Scheidung der Eltern besucht Ulrich zunächst die „Schulfarm Scharfenberg“ (eine Schuldemokratie) und nach deren Schließung 1952 ein Internat in Himmelpfort. Nach dem Abitur 1954 studiert Plenzdorf drei Semester Marxismus und Leninismus an der Universität Leipzig, gibt sein Studium aber auf, weil es eine „klosterartige Paukerei“ bedeutete. Während der Studienzeit schrieb er Texte für das Uni-Kabarett.

Ab 2000 verkaufen sich Plenzdorfs Projekte bei den Fernsehsendern immer schlechter. Um sich seinen Lebensunterhalt zu sichern, arbeitet er als Übersetzer. In den letzten Jahren seines Schaffens ist er der Überzeugung, dass die verantwortlichen Fernsehregisseure sich nicht mehr für ihn interessieren, weil er aus dem Osten ist. Zuletzt übersetzte er Jugendliteratur und erhielt den Deutschen Jugendliteraturpreis.

Ab 2004 ist er Gastdozent am Deutschen Literaturinstitut in Leipzig. Nach langer schwerer Krankheit stirbt Ulrich Plenzdorf am 9. August 2007 in einer Klinik nahe Berlin. Er wird am 23. August in Alt-Rosenthal beigesetzt. Alt-Rosenthal liegt bei Seelow im Landkreis Märkisch-Oderland. Dieser Ort ist seit den 70er Jahren sein Zweitwohnsitz (neben Berlin als erstem Wohnsitz) gewesen.

Die Deutsche Demokratische Republik (DDR)

➲ **Aufgabe 1**

a) Lies entweder Text 1: „Geschichte der DDR" oder Text 2: „Kulturpolitik der DDR", je nachdem, welcher dir von deiner Lehrkraft zugewiesen wird.

b) Fertige jeweils einen Stichwortzettel/eine Mindmap/ein Cluster/ein Organigramm an mit den Informationen, die du benötigst, um die Inhalte des Textes zu erklären. Sobald du mit den Aufgaben fertig bist, suche dir eine Partnerin/einen Partner, die/der den anderen Text bearbeitet hat.

c) Erkläre deiner Partnerin/deinem Partner anhand deiner Aufzeichnungen den Inhalt deines Textes.

d) Fertigt gemeinsam einen Stichwortzettel zu beiden Texten an, der als Grundlage für einen Vortrag dienen kann. Ihr könnt auch Bildmaterial (Fachbücher, Internet) suchen und für die Präsentation benutzen.
Haltet euch als Probe gegenseitig euren Teil des Vortrages. Gebt euch Ratschläge zur Verbesserung.

Platz für Notizen

Text 1

Geschichte der DDR
von Elinor Matt

Nach Ende des Zweiten Weltkrieges 1945 wurde Deutschland in vier verwaltungstechnische Besatzungszonen aufgeteilt. Die Vorstellungen von der politischen Neugestaltung Deutschlands waren bei den Besatzungsmächten verschieden. USA, Großbritannien und Frankreich wollten einen demokratischen deutschen Staat, die Sowjetunion zielte auf eine kommunistische Lenkung. Infolgedessen kam es 1949 zur Gründung von zwei deutschen Staaten: der BRD mit der Hauptstadt Bonn und der DDR mit der Hauptstadt Ost-Berlin.

In der DDR wurde die Wirtschaft durch Gründungen von LPG[1] und VEB[2] und eine rigoros überwachte Reglementierung des Volkes aufgebaut. Der Schwerpunkt lag auf der Schwerindustrie. Maßnahmen gegen politisch Andersdenkende waren an der Tagesordnung, eingesetzt zur Sicherung des Aufbaus eines sozialistischen Staates. 1953 wurde ein Arbeiteraufstand militärisch niedergeschlagen.

Am 14. Mai 1955 wurde die DDR-Gründungsmitglied des Warschauer Paktes. Die Abgrenzung gegen den Westen wurde immer drastischer, was bis 1961 zu einer Massenflucht in den Westen geführt hat. Am 13. August 1961 setzte der Mauerbau mit Grenzanlagen und Schießbefehl dieser Massenflucht ein Ende. Das Spitzelsystem wurde ausgebaut, die Zahl der politischen Häftlinge nahm zu, kritische Kunstschaffende, z. B. 1976 Wolf Biermann, wurden ausgebürgert oder stellten Ausreiseanträge.

Mitte der 80er Jahre verunsicherten massive politische Veränderungen in der UdSSR durch den Reformkurs von Michail Gorbatschow[3] das SED[4]-Regime. Die Partei lehnte den Reformkurs ab. Aber die Bevölkerung schöpfte Hoffnung. Im Mai 1989 begann die ungarische Regierung damit, den Grenzzaun nach Österreich abzubauen, was eine Fluchtwelle aus der DDR über Ungarn in den Westen zur Folge hatte. Bis zum November dieses Jahres verlor die Partei immer mehr die Kontrolle, bis am 8. November 1989 der Rücktritt des gesamten Politbüros der SED verkündet wurde. Das endgültige Ende durch den Fall der Mauer am 9. November 1989 wurde in beiden Teilen Deutschlands begeistert gefeiert. Im März 1990 gab es die erste freie Volkskammerwahl in der DDR, am 3. Oktober 1990 die ersten gesamtdeutschen Bundestagswahlen.

1 Landwirtschaftliche Produktionsgenossenschaften
2 Volkseigene Betriebe (führte zur Zunahme von Enteignungen und Volkseigentum)
3 Reformen: „Glasnost" – Durchschaubarkeit, „Perestroika" – Umbau der Gesellschaft
4 Sozialistische Einheitspartei Deutschlands

Text 2

Kulturpolitik der DDR
von Elinor Matt

Bei der Neugestaltung der DDR war auch die Kulturpolitik ausgerichtet auf den Aufbau und später die Sicherung des sozialistischen Staates. Die Richtlinien für eine diesem Aufbau verpflichtete Literaturpolitik wurden 1959 auf der ersten Bitterfelder Konferenz weitgehend festgelegt. An dieser Konferenz nahmen neben Schriftstellerinnen und Schriftstellern auch schreibende Arbeiterinnen und Arbeiter teil. Die zentrale Forderung, die auf dieser Tagung gestellt wurde, hieß: „sozialistischer Realismus“: Die Literatur sollte die objektive Wirklichkeit in ihrer revolutionären Entwicklung darstellen und dabei die Menschen im Geiste des Sozialismus erziehen. Bevorzugtes Thema sollte die sozialistische Produktion sein, die zentrale Figur sollte ein positiver, vorbildhafter Held sein, der sich dem Leser zur Identifikation anbietet. Um die Kluft zwischen Kunst und Arbeitsleben zu schließen, wurde der Arbeiterschaft zur Auflage gemacht, mehr zu lesen und unter der Anleitung von Schriftstellerinnen und Schriftstellern selbst zu schreiben. Die Literaturschaffenden sollten ihrerseits einen weiteren Beitrag leisten, indem sie in die Betriebe gehen und dort zeitweise arbeiten. Nur so könnten sie die Arbeitswelt in ihren Texten realistisch darstellen. In Zuge dieser ersten Bitterfelder Konferenz entstand die so genannte „Ankunftsliteratur“, die neben der Darstellung des positiven Helden auch die meist problematische, aber vollauf gelungene Eingliederung vor allem junger Menschen in die sozialistische Gesellschaft beschrieb.

Aber die Erwartungen wurden von der Literatur nicht zufriedenstellend erfüllt, sodass die zweite Bitterfelder Konferenz 1964 neue Schwerpunkte setzen musste. An der Forderung der Parteilichkeit der Literatur wurde zwar festgehalten, aber es waren doch Tendenzen der Liberalisierung zu erkennen: Für die Auseinandersetzung der Literatur mit der DDR-Wirklichkeit sollte es keine Tabus mehr geben, sofern die Schriftstellerinnen und Schriftsteller von der festen Position des Sozialismus ausgingen.

Eine Weiterentwicklung dieser Tendenz zeigte sich auf der 4. ZK-Tagung[1] im Jahre 1972. Der Forderung nach größerem Freiraum für Kunstschaffende wurde stattgegeben. Dieses Zugeständnis bedeutete, dass realistische Darstellungen von gesellschaftlichen und persönlichen Widersprüchen und Konflikten möglich sein sollten.

In dieser kulturpolitischen Situation war die Möglichkeit der Veröffentlichung von Plenzdorfs *Die neuen Leiden des jungen W.* gegeben, was aber dennoch zu einigen Schwierigkeiten führte.

1 Zentralkomitee der SED

➲ Aufgabe 2

a) Lies dir die Texte über das Leben in der DDR und der BRD durch.

Jugend in der DDR

Die Jugend wird in ihrer gesellschaftlichen und beruflichen Entwicklung besonders gefördert (Art. 20 Abs. 3, S. 1). Die FDJ (Freie Deutsche Jugend) gibt allen Jugendlichen die Möglichkeit, ihr Leben in Arbeit, Studium und Freizeit sinnvoll zu gestalten. In den Klassenstufen 1–7 sind fast alle Schülerinnen und Schüler „Jungpioniere", weil dies wichtig ist für den späteren beruflichen Aufstieg und den sozialen Zusammenhalt. Veranstaltungen in Jugendhäusern und Clubs werden angeboten. Aber der Hauptteil der Freizeitgestaltung vollzieht sich in nichtorganisierten Gruppen und in der Familie. Die Familie hat eine entscheidende Bedeutung.

Der Großteil der Jugendlichen lebt ein Doppelleben: Als angepasste „Mitmacher" spulen sie in der Schule und in der Ausbildung ihr angelerntes Wissen ab, legen bei Feiern, z. B. der Jugendweihe, Bekenntnisse zum Sozialismus ab und suchen sich eine private Nische in der Familie und bei Freunden.

Mit Blick auf die BRD nehmen sie wahr, was den Gleichaltrigen, auch durch den Einfluss der USA, an Möglichkeiten der Freizeitgestaltung und in der Mode angeboten wird. „Westliche" Musik, Filme, Literatur und Jeans sind genauso Wunschvorstellungen wie Reisen in das westliche Ausland. Für besondere Waren muss angestanden werden, wenn sie überhaupt erhältlich sind.

Jugend in der BRD

Wirtschaftlich geht es den Bürgerinnen und Bürgern der BRD sehr gut. Das wirkt sich auch auf die Möglichkeiten aus, die die Jugendlichen für Ausbildung, Studium und Freizeit haben, allerdings vor allem für die Kinder wohlhabender Familien.

Der Lebensstil ist geprägt von der sogenannten sexuellen Revolution, d. h. der Befreiung von sexueller Beschränkung. Neue Lebensformen, z. B. Wohngemeinschaften, entstehen. Die Jugendlichen haben mehr Freiheit als in den Nachkriegsjahren. Negative Folge der neu gewonnenen Freiheit ist das beginnende Experimentieren mit Drogen.

Die Mode der Jugendlichen, Kleidung und Frisuren, ist geprägt von Lässigkeit und Bequemlichkeit. Echte Jeans, importiert aus den USA, und lange Haare – auch für männliche Jugendliche – sind „in". Die Musik der Jugend ist Pop und Rock. Disco-Musik startet ihren Siegeszug. Das Kino verliert an Beliebtheit, da die Unterhaltung mehr und mehr vom Fernsehen übernommen wird. Jugendliche besitzen häufig ihr eigenes Zimmer, sammeln Tonträger für ihre Plattenspieler und die langsam aufkommenden Kassetten-Recorder. Telefonieren gehört zu den bevorzugten Kommunikationsformen. Die Bundesliga spielt eine große Rolle für die Freizeitgestaltung. Viele Jugendliche reisen ins Ausland, besonders beliebt sind die Küsten von Italien und Frankreich.

b) Nenne ein Beispiel aus dem Roman, woran deutlich wird, dass *Die neuen Leiden des jungen W.* in der DDR spielt.

Aufgabe 3

Arbeitet zu zweit.

a) Sucht im Internet nach Bildern und erstellt eine Collage, auf der ihr das Leben der Jugendlichen in der DDR dem in der BRD gegenüberstellt.

Collage

Aus vielen Einzelteilen entsteht ein neues Gesamtkunstwerk. Hierfür könnt ihr Fotos, Stoff, Papier, Karton, Holz oder andere Materialien auf einen Untergrund kleben. Ergänzt eure Collage vielleicht auch mit schriftlichen Erklärungen, damit eure Idee klar wird, und plant genügend Zeit für eure Arbeit ein.

b) Verfasst einen ähnlichen Text wie in Aufgabe 2 a) über das Leben von Jugendlichen in Deutschland heutzutage.

➲ **Aufgabe 4**

a) Lies die Beurteilungen über *Die neuen Leiden des jungen W.*, die Jugendliche in der DDR und der BRD abgegeben haben, und kennzeichne deine Zustimmung oder Ablehnung durch ein Plus- oder Minuszeichen.

„Edgar ist ein Suchender. Das ist für mich der schönste Zug, da kann ich mich identifizieren.“

„Was Edgar groß macht, ist sein Durchhaltevermögen. Die Kraft, seinen Weg bis zum Ende zu gehen.“

„Der Roman ist realistisch und gut vorstellbar.“

„Edgars Probleme sind typisch für viele Jugendliche.“

b) Schreibe deine eigene Meinung über den Roman auf.

c) Der Tod Edgars wird in der Anzeige der »Volkswacht« als „tragischer Unfall“ (S. 8, Z. 3) bezeichnet. Es ist viel darüber diskutiert worden, welche Bedeutung Edgars Tod für die Aussage des Textes hat und ob es sich nicht doch um Selbstmord handelt, ohne zu einer überzeugenden und/oder einheitlichen Lösung zu kommen.

Lies die folgenden Äußerungen zu dieser Frage und wende anschließend mithilfe dieser Angaben in Gruppenarbeit die Zielfindungsmethode an. Entscheide, ob es ein Unfall oder Selbstmord war. Begründe deine Entscheidung.

Zielfindungsmethode

Arbeitet in Gruppen. Zunächst schreibt jeder für sich acht persönliche Aussagen zum Text einzeln auf acht Zettel und sucht sich anschließend die drei wichtigsten heraus. Die restlichen fünf Aussagen werden an den Nachbarn weitergegeben (Uhrzeigersinn).
Jeder Schüler hat dann wieder acht Aussagen. Er sucht wieder drei aus und gibt fünf weiter. Die Gruppe muss einmal komplett durch sein.
Zum Schluss hat jeder Schüler drei Aussagen.
Nach einer Gruppendiskussion werden drei Aussagen gewählt, die im Plenum vorgestellt und begründet werden.

Edgar-Zitate

„»Ich *mußte* einfach anfangen zu pfuschen. Sonst wäre ich nie im Leben fertig geworden.«“ (S. 142, Z. 22 f.)

„»Ich meine, ich hätte nie im Leben freiwillig den Löffel abgegeben.«“ (S. 147, Z. 19–21)

„»Daß ich dabei über den Jordan ging, ist echter Mist. Aber wenn das einen tröstet: Ich hab nicht viel gemerkt. […] Wir alle hier wissen, was uns blüht. Daß wir aufhören zu existieren, wenn ihr aufhört, an uns zu denken.«“ (S. 16, Z. 22 – S. 17, Z. 1)

Parallelen zu *Werther*

Aufgabe

a) Lies die Inhaltsangabe zu Goethes *Die Leiden des jungen Werthers* (1774)[1].

Inhaltszusammenfassung zu Goethes *Die Leiden des jungen Werthers*

Goethes Briefroman *Die Leiden des jungen Werthers* handelt von einem jungen Mann namens Werther, der sich unglücklich verliebt. Werther, ein junger, geistvoller, empfindsamer Mann, über dessen Herkunft und Beruf der Text keine näheren Angaben macht, verlässt seine Heimatstadt, da er eine dringende Erbangelegenheit erledigen muss und um vor einem Mädchen zu flüchten, das mehr von ihm erwartet, als er bereit ist zu geben. So kommt es, dass er sich in einem Dorf namens Wahlheim niederlässt und sich dort nun mit ganzer Seele der unaussprechlichen Schönheit der Natur hingibt, die er in einsamen Wanderungen durch die Wälder, Wiesen und Dörfer der Umgebung erlebt. In Begegnungen mit dem einfachen Volk erschließt sich ihm der Reiz dieser kleinen Welt mit ihren naturhaften Verhältnissen und Sitten, und besonders die Kinder sind bald seine Freunde. Sein ständiger Begleiter ist ein Band Homer[2] und in seinem Skizzenbuch hält er Bilder dieses stillen, idyllischen Lebens fest. All dies erfährt der Leser durch die Berichte, die er in seinen z. T. schwärmerischen Briefen an seinen Freund Wilhelm in der Zeit vom 04. 05. 1771 bis 23. 12. 1772 schreibt.

Auf einem ländlichen Ball lernt er Lotte, die Tochter des Amtmannes, kennen und ist sogleich von ihrem Wesen gefangen genommen. Zu ihr baut er eine sehr intensive Beziehung auf, verliebt sich sogar in sie, obwohl er weiß, dass sie bereits einem anderen fest versprochen ist. Lottes Verlobter, Albert, muss aber eine wichtige Erbangelegenheit auswärts regeln, und so kommt es, dass Werther und sie sehr viel Zeit miteinander verbringen. Er benutzt jede Gelegenheit, sie aufzusuchen und ihr kleine Liebesdienste zu erweisen; er sieht sie im Kreise ihrer sechs jüngeren Geschwister, denen sie liebevoll die tote Mutter ersetzt. Sie gestattet ihm, sie auf ihren Spaziergängen und Besuchen zu begleiten. Obwohl Lotte mit Albert so gut wie verlobt ist, empfindet sie doch Zuneigung zu Werther, und dieser glaubt beglückt, nur die Stunden zu leben, die er bei ihr verbringen kann. Als jedoch Albert von seiner Reise zurückkehrt, findet Werther in ihm einen gelassenen und strebsamen Menschen – es entwickelt sich eine Freundschaft zwischen ihnen. Werther leidet sehr unter seiner Liebe und wird

1 In der ersten und zweiten Fassung von 1774 und 1787 Werthers, seit der Ausgabe von 1824 Werther.

2 Homer = berühmter griechischer Dichter der Antike *(Ilias, Odyssee)*

sich immer mehr bewusst, dass er Lotte nie für sich gewinnen kann. Daher gibt er dem Drängen seines Freundes Wilhelm nach und verlässt die Geliebte, um eine Stelle bei dem Minister anzutreten. Die kleine Residenz, in der er als Gesandtschaftssekretär arbeitet, sagt ihm jedoch überhaupt nicht zu. Der Alltag ist erfüllt von Ärger und Verdruss mit seinem Vorgesetzten, von Intrigen, Neid und Standesdünkel in der Gesellschaft. Nach einer gesellschaftlichen Demütigung beschließt Werther erneut zu fliehen und kehrt in seine Heimatstadt zurück. Dort registriert er einige Veränderungen, die ihm missfallen, und so fasst er den Entschluss, in die Nähe seiner Lotte zurückzukehren. Diese hat in der Zwischenzeit Albert geheiratet, was bei Werther zu einem Ausbruch von Eifersucht führt, und er ihr gegenüber äußert, dass sie mit ihm sicher glücklicher geworden wäre. Er argwöhnt, dass Albert Lotte gar nicht von ganzem Herzen liebt. Das Verhältnis zwischen den beiden Männern verschlechtert sich immer mehr und da Albert die Beziehung von Werther und Lotte mit steigendem Misstrauen verfolgt, bittet er Lotte, Werther zu verstehen zu geben, dass er sich nach einer anderen Frau umsehen soll, eine, die für ihn erreichbar ist. Dass sie alle drei glücklich zusammenleben könnten – all dies erfährt der Leser durch den zusammenfassenden Bericht eines »Herausgebers« – erscheint Werther unmöglich. Er stattet seiner Lotte einen letzten Besuch ab und trägt ihr auf ihre Bitte hin die Lieder Ossians[3] vor. Angesichts des Schicksals, das dessen Helden ereilt und das dem ihrigen so ähnlich ist, brechen Werther und Lotte gemeinsam in Tränen aus, und es kommt zu einer leidenschaftlichen Umarmung. Lotte jedoch reißt sich los und verlässt Werther mit den Worten, dass er sie nicht wieder sehen wird. Werther begeht Selbstmord.

Johann Wolfgang von Goethe (*1749 †1832)

Johann Wolfgang von Goethe war ein deutscher Dichter und Naturforscher. Er verkörperte mit weiteren Dichtern dieser Zeit die Weimarer Klassik.
Seine bekanntesten Werke sind *Faust – Teil I und II, Die Leiden des jungen Werthers, Götz von Berlichingen, Iphigenie auf Tauris, Der Erlkönig* und viele weitere.

3 Ossian = irische Sagengestalt/Sänger

b) Fülle mithilfe dieser Inhaltsangabe die Übersicht aus.

Gemeinsamkeiten

Handlung:

Motive:

Figuren:

Textstruktur:

Unterschiede

Handlung:

Motive:

Figuren:

Textstruktur:

c) Lies den Vergleich von Werther und Wibeau durch. Ergänze deine Angaben zu b).

Wibeau – Werther: ein Vergleich

	Edgar Wibeau	Werther
Ausgangssituation	Edgar/Werther verlassen ihre Heimat.	
	Edgar zieht vom Dorf in die Stadt.	Werther zieht von der Stadt auf in ein Dorf.
	lebt in einer Laubenkolonie und hat eine Naturumgebung in der Stadt	lebt in einer Naturumgebung
Berichterstattung an Freund	bespricht für seinen Freund Willi Tonbänder mit Zitaten von Goethes *Werther*	schreibt seinem Freund Wilhelm Briefe
Hauptprotagonist	Gefühlsmenschen	
	Hang zur Kunst, Musik, malt und zeichnet abstrakte Bilder, Umgang mit Kindern, Dreieckskonflikt (Edgar – Charlie – Dieter)	Hang zur Kunst, Poesie, malt Landschaftsbilder, Umgang mit Kindern, Dreieckskonflikt (Werther – Lotte – Albert)
	arbeitet auf dem Bau	arbeitet am Hof
Weibliche Hauptfigur	Charlie/Lotte sind verlobt, flirten aber mit Edgar/Werther.	
	kümmert sich beruflich um Kinder	kümmert sich um ihre Geschwister
	Edgar/Werther suchen die Nähe von Charlie/Lotte.	
Nebenbuhler	ordentlich, väterlich, angepasst	
	kommt zurück vom Militärdienst	kommt zurück von Geschäftsreise
	Edgar weist ihn ab. Er verhält sich abweisend und provozierend.	Es entsteht eine Freundschaft.
	Die Hochzeit findet ohne Werther/Edgar statt.	
Wendepunkt	Nach einem Kuss mit Werther/Edgar bricht Lotte/Charlie den Kontakt ab.	
	Charlie distanziert sich.	Werther distanziert sich.
Ende	Stromunfall an Weihnachten	Selbstmord an Weihnachten

Unterschiede – Ähnlichkeiten – Gemeinsamkeiten